POEMARIO

Cantares de un Silencio

INDIRA MORENO

CANTARES DE UN SILENCIO
© INDIRA MORENO

RESERVADOS TODOS LOS DERECHOS. QUEDA PROHIBIDA LA REPRODUCCIÓN PARCIAL O TOTAL DE ESTA OBRA POR CUALQUIER MEDIO O PROCEDIMIENTO, INCLUIDA LA FOTOCOPIA, DE ACUERDO A LAS LEYES VIGENTES DE LA REPÚBLICA DE PANAMÁ, SALVO AUTORIZACIÓN ESCRITA DEL AUTOR.
861
M843
CANTARES DE UN SILENCIO / INDIRA MORENO

1. LITERATURA PANAMEÑA
2. POESÍA PANAMEÑA I. TÍTULO

PORTADA Y VIÑETAS:
ROY ARCIA

DIAGRAMACIÓN:
COSTARELO´S
ZORAIDA COSTARELOS
@BYCOSTARELOS

MENCIÓN HONORÍFICA
GUSTAVO BATISTA CEDEÑO

Cantares de un Silencio

"A la patria nunca se llega...
pero cuando los caminos amigos
se cruzan, todo el universo
parece por un momento
la patria anhelada."

HERMANN HESSE

"Te he dicho que no mires atrás
porque el cielo no es tuyo
y hay que empezar despacio,
a deshacer el mundo."

HÉROES DEL SILENCIO

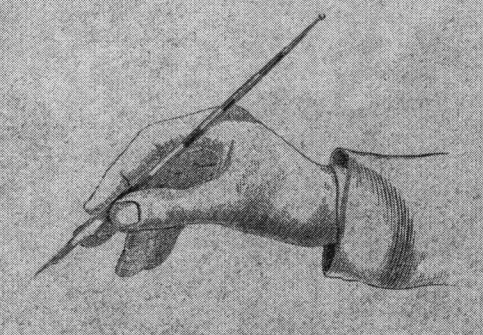

Dedicado...

A todos los que todavía siguen dormidos

ÍNDICE

CANTARES DE UN SILENCIO
INDIRA MORENO

- **I** — **CANTO**
  La doctrina del sufrir
- **II** — **CANTO**
  No sé quién eres
- **III** — **CANTO**
  El sol se ha suicidado
- **IV** — **CANTO**
  No hay perdón
- **V** — **CANTO**
  Donde el todo se esconde con la nada
- **VI** — **CANTO**
  Invasores de la noche
- **VII** — **CANTO**
  Ceguera repentina
- **VIII** — **CANTO**
  El silencio prometido
- **IX** — **CANTO**
  El dolor de las reliquias
- **X** — **CANTO**
  Donde se detuvo el sol

Canto I
la doctrina del sufrir

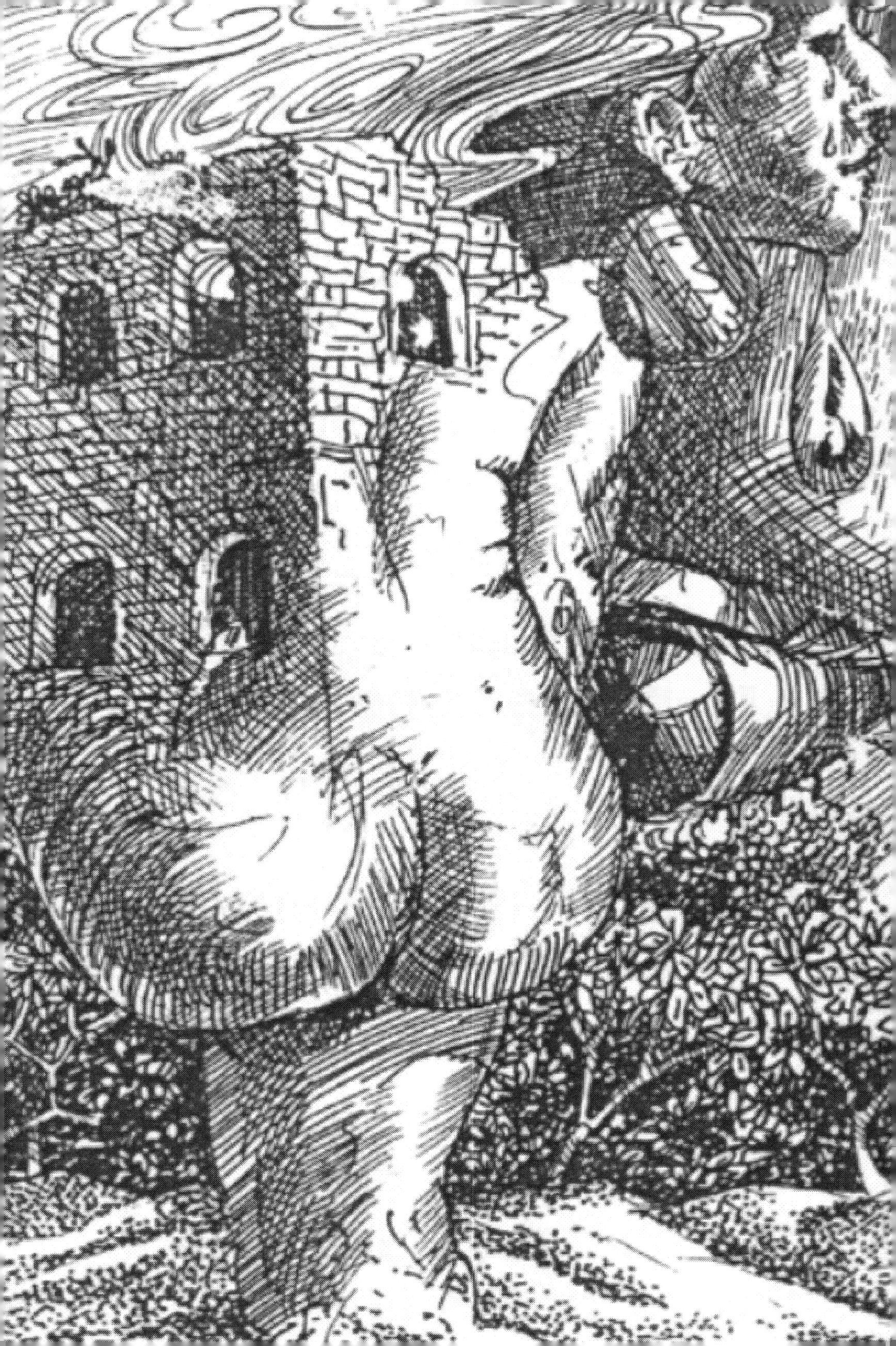

cuando pueda mostrarte
el principio del camino.

cuando las ruinas
de tus virtudes legendarias
bailen.

cuando los siglos
ya no se inmuten
con el clima de la vida
te cantaré.

esta tarde
en que reconoces
la débil esencia de tus muros.

ahora que logras llorar
sin llanto
de tanto no llorar.

cuando por fin celebras
la doctrina del sufrir
en el brillo de tus cenizas
te canto.

Canto II
no sé quién eres

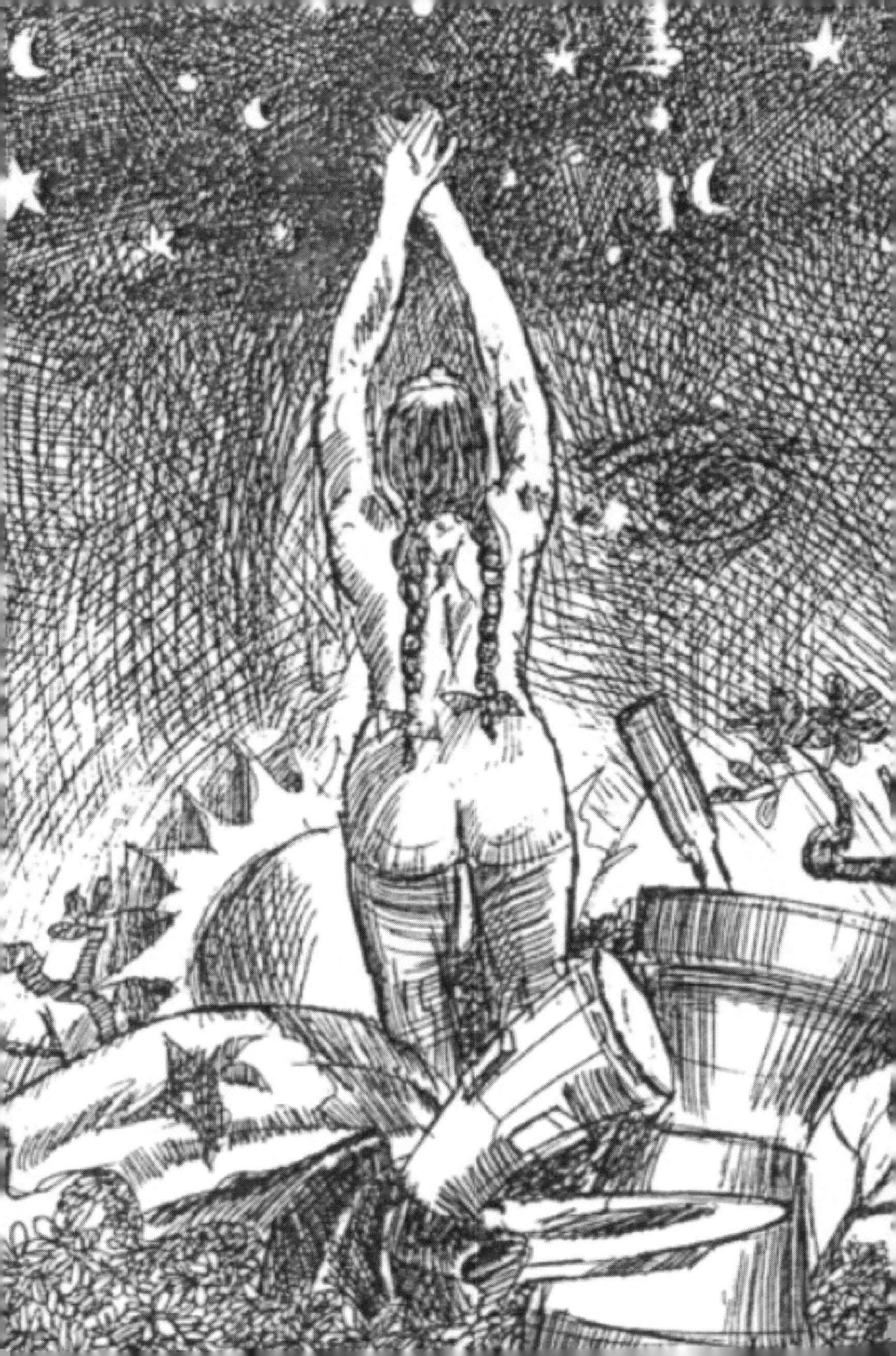

cuna de los días
cárcel de las noches.

cuando más te veo
¡menos te conozco!

mientras más te avanzo
te dejo de sentir.

no sé quién eres
aún si me han contado
salomas de los tiempos
que mi espíritu nace de ti...

Canto III
el sol se ha suicidado

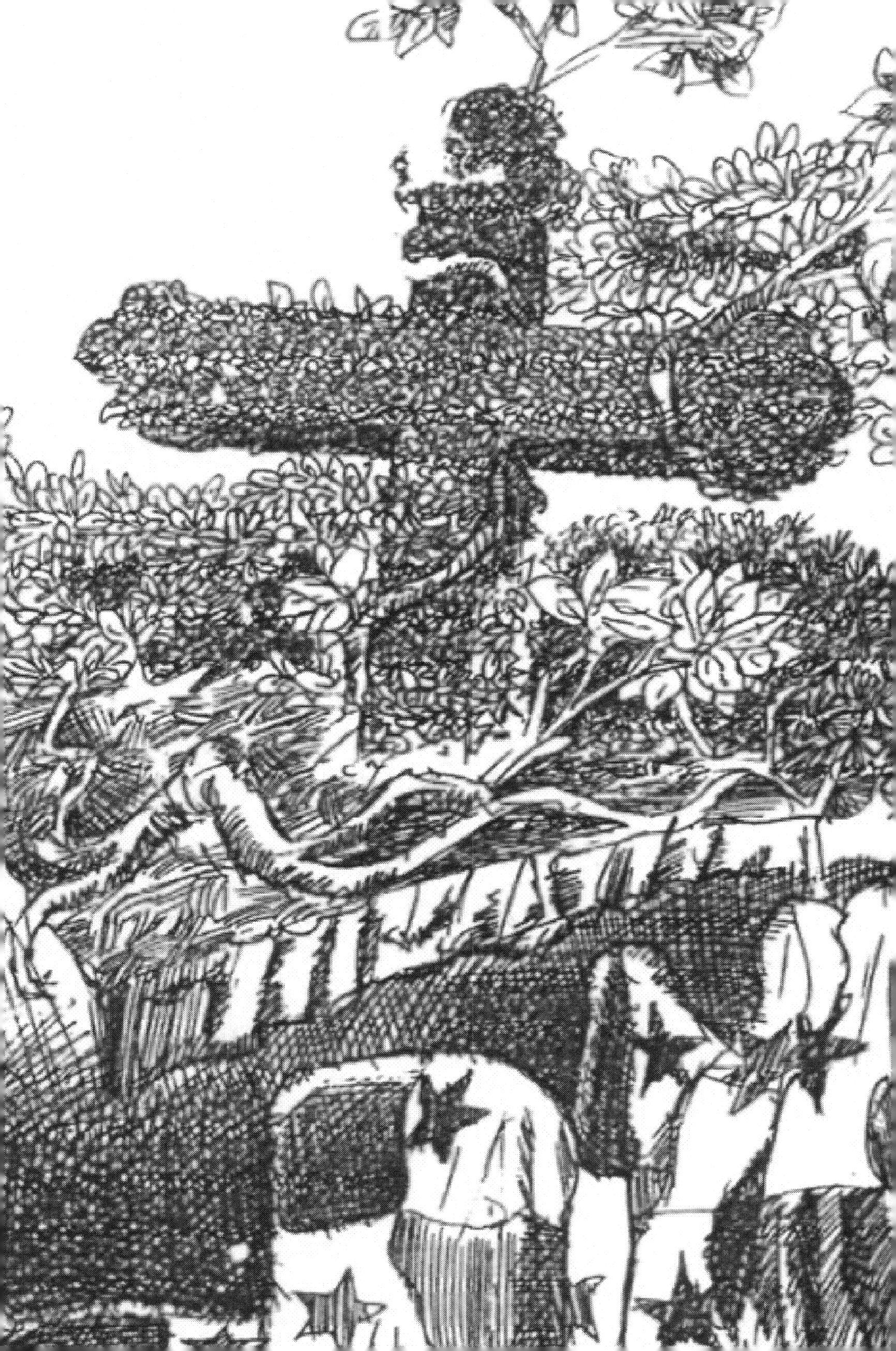

¡mira!...
siguen las huellas
de tus melodías
que retornan silenciosas
la cantata extraviada
sin remedio
por los caminos del norte.

¡escucha!
 el sol se ha suicidado
al no ver tu cantar
huele los manjares
de la tristeza
que rasga tu portal
bebe la sombra
 del calendario tirado
 bajo esquinas eternas.

recuerda
los ingratos sonidos
llave del acorde
esparcido y callado,
con la fragancia del mentir.

Canto IV
no hay perdón

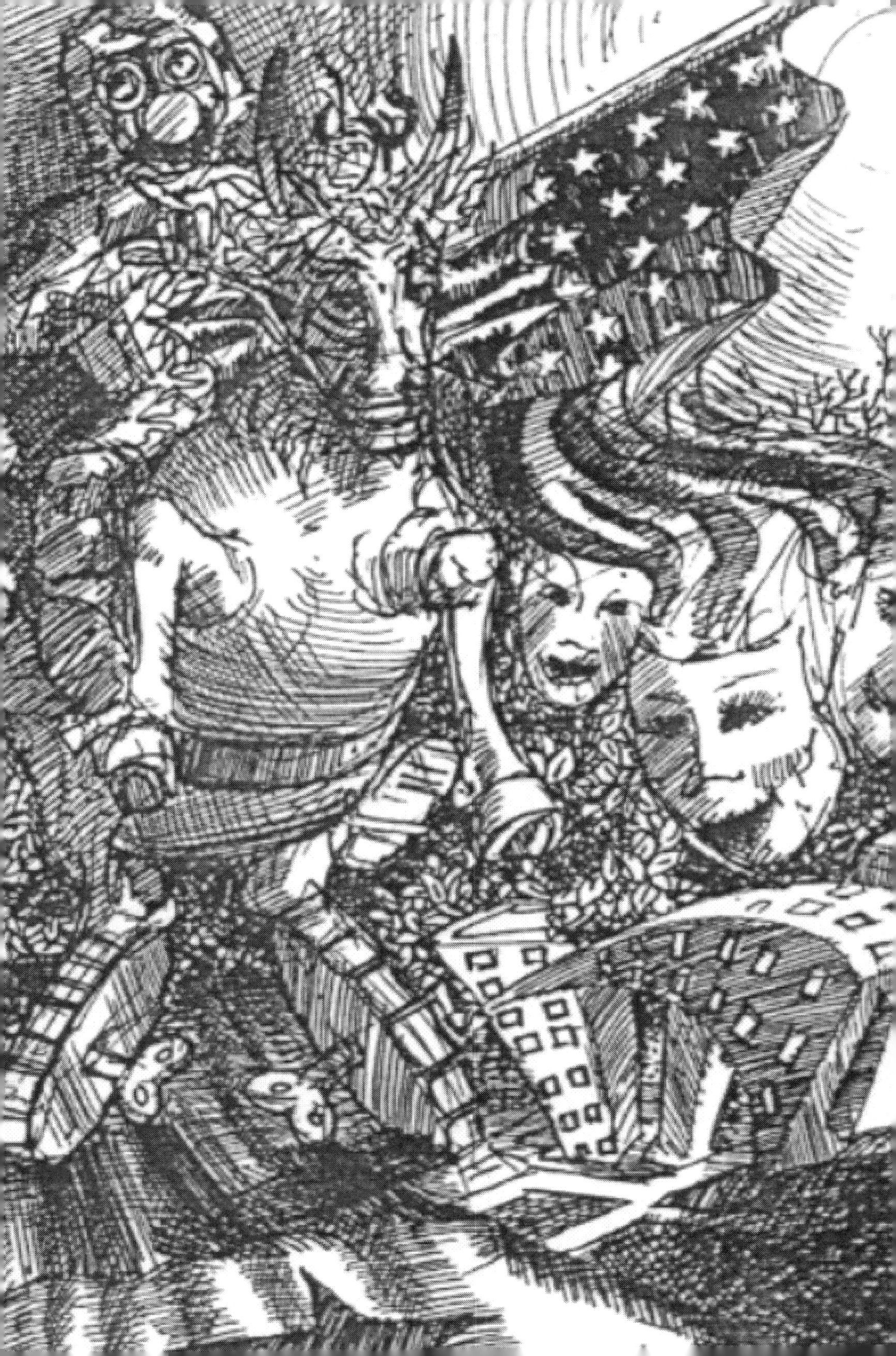

no hay perdón

levantaré la mano
al callar mis ojos
porque sé que es tarde.

la sentencia:

"recoger la venta diluida,
repintar verdes en el alma
aclimatado a tu resonancia"

¡ay
si hubieras corrido conmigo,

quebrado
la madrugada del castigo
y cegado la entrega
hacia el dulce naufragio!

¿porqué?
¿porqué no alzaste
el filo de tu raza
contra pálidas olas de grandeza?

¿por qué no quemaste
los días que hoy te ahogan
con pétalos de nieve...?

no

no hay perdón

florecen agonías
y cae la noche al renacer
la pesadilla blanca
que acompleja mi pluma

- y viola tus escombros –

en la espiral de tu deleite amargo.

Canto V
donde el todo se esconde con la nada

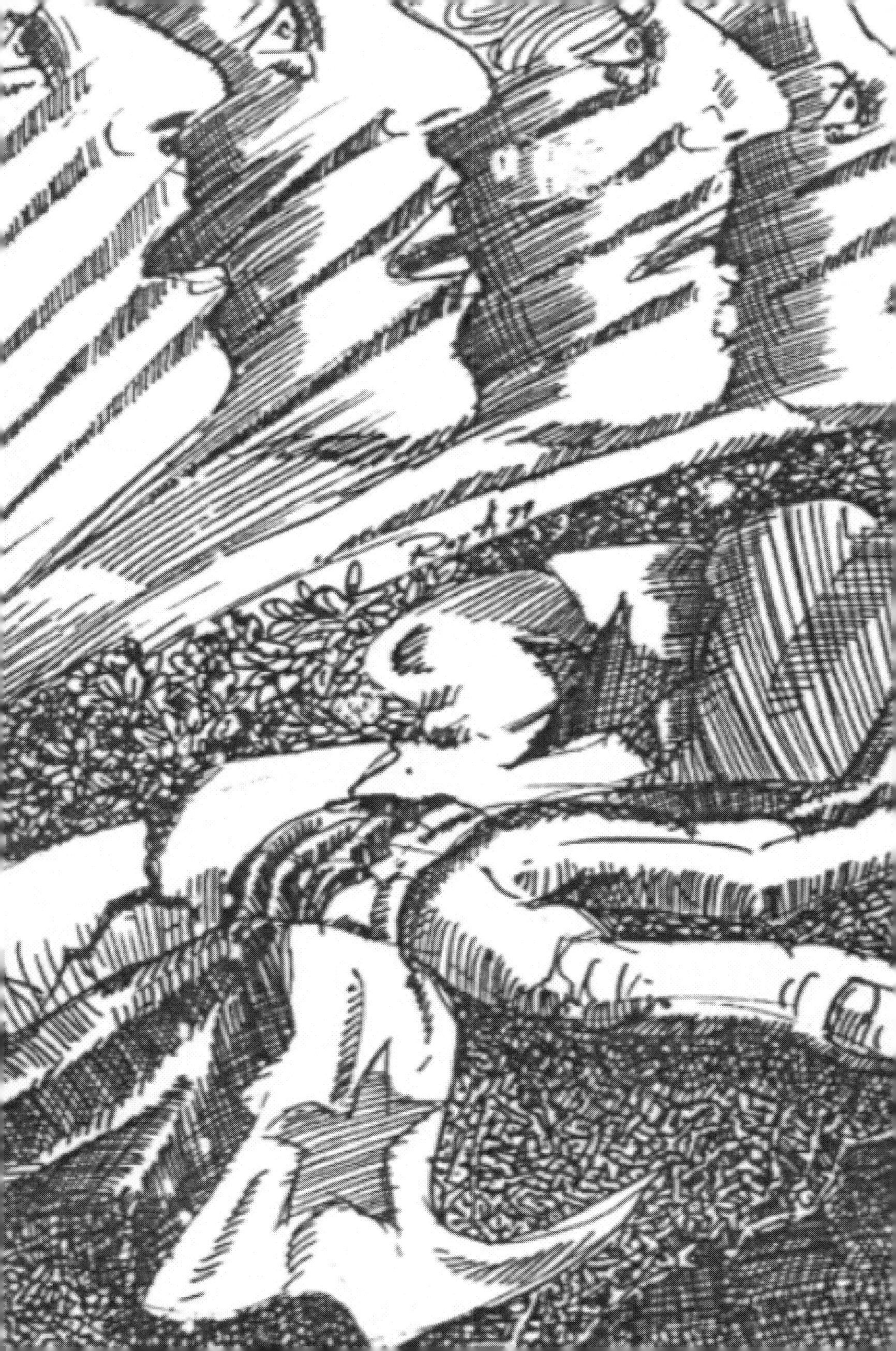

no me detengas.

hoy respiro en surcos
de nuevas rutas.

si llora la oscuridad,
quiero ir
donde el todo
se esconde con la nada.

no me ahogues en las tinieblas
que ya no son
los viejos senderos retorcidos
 en jardines que trituran
el continente de los sentidos.

¿cuándo sentirás
las huellas sedientas de tus hijos
la vibra en tu diafragma
de los pretéritos tragados

- otra vez -
en la verde lluvia
verde?

aquella que da muerte
si concede vida.

bello interés
que se lava en tus colores.

promesa inerte
de una paz vigilante
endiosada en la imagen
de su mito ideal.

Canto VI
invasores de la noche

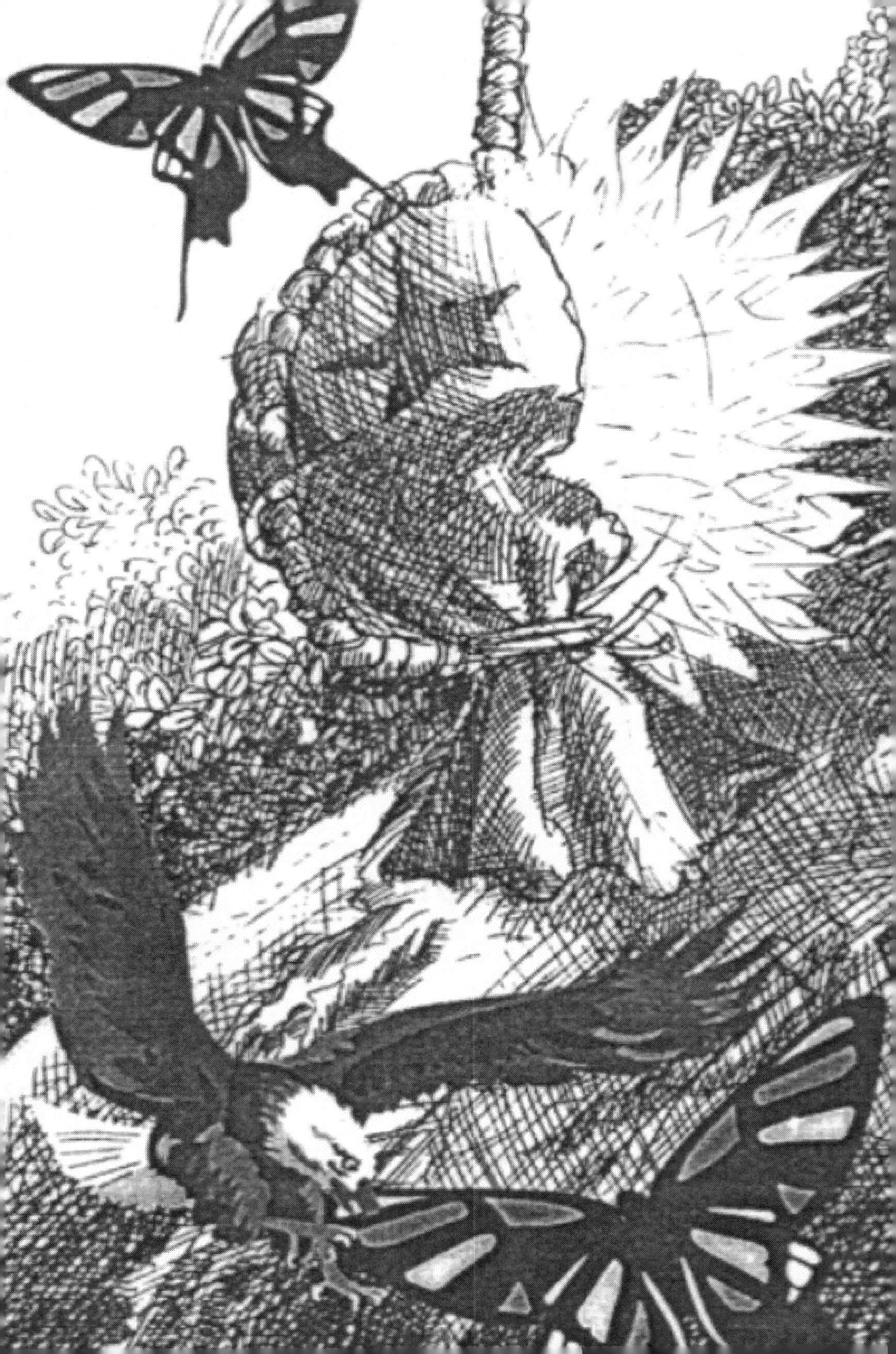

ese es el pétalo que salda
candilejas muertas.

justa belleza
cobrando las alturas
del perdón...

sonrisa majestuosa
del paraje digital

leyes celestiales
que conducen y reducen
los sentidos.

invasores de la noche
que aplaudes
en la sinfonía de tus poros.

jinete apocalíptico
presagiando miseria natural
sol que derrama su fragancia
en el ir y el venir
de nuevas arterias
de Babel.

Canto VII
ceguera repentina

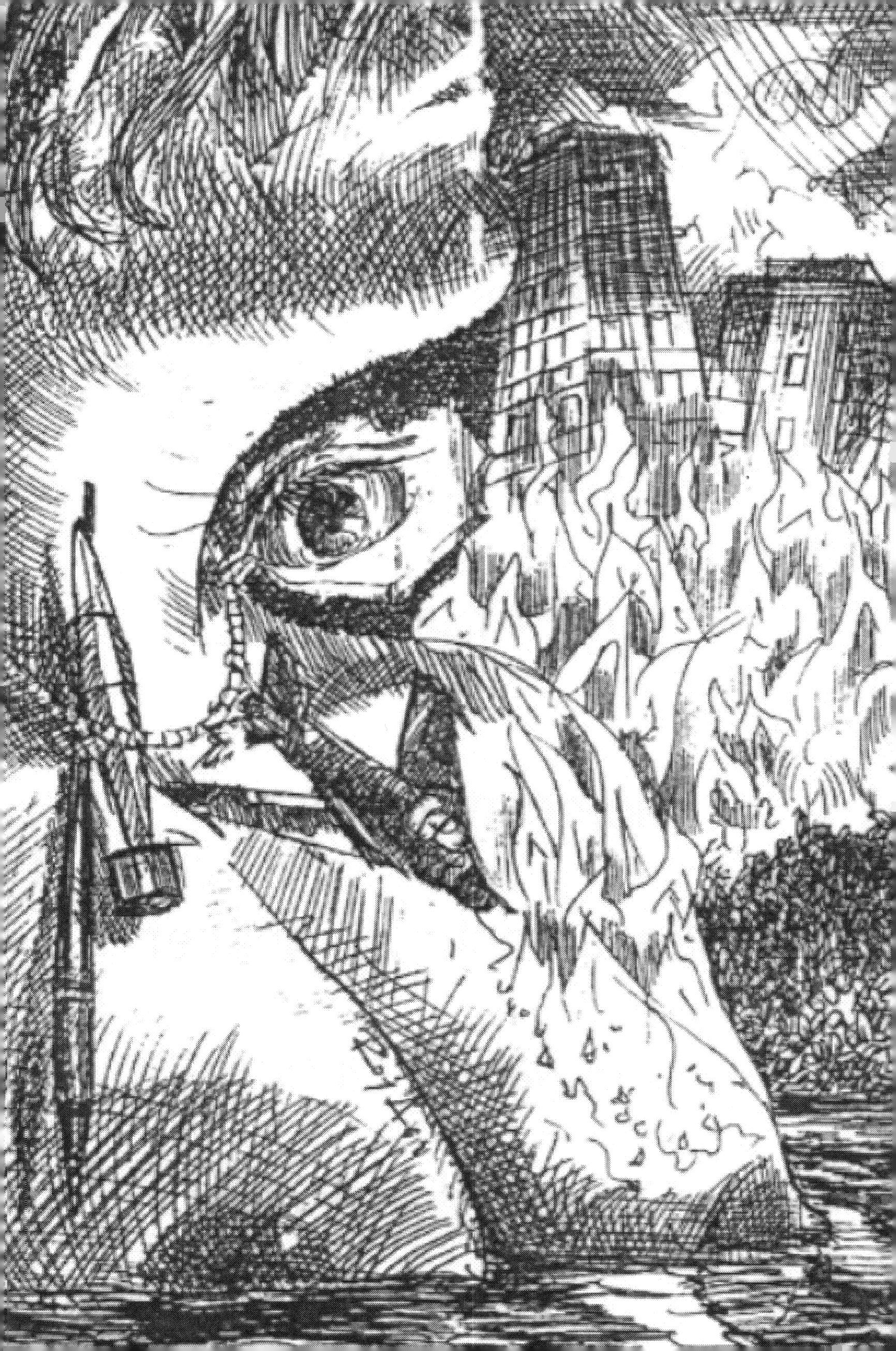

y no respiras ya
el himno que exaltaba
trigales adolescentes,
vendidos a tu desesperanza.

la sorda melodía
 recoge sequías en tu cauce.

ritmo legendario
quebrándose en tu cara.

ceguera repentina.

presa voluntaria
abriéndose al néctar
de los capullos
de un delito legal…

Canto VIII
el silencio prometido

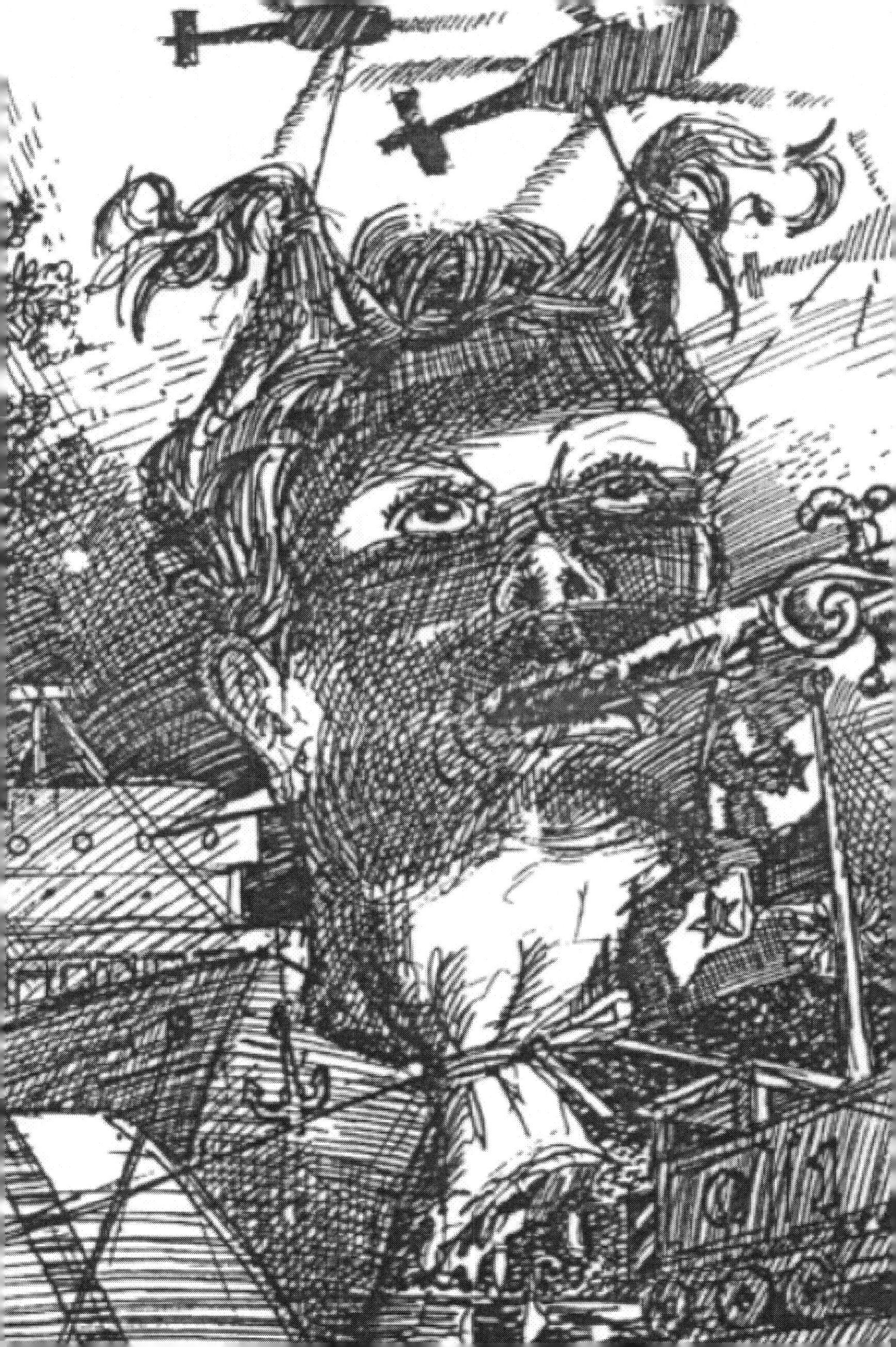

¡pero no te dejaré!

no abandonaré
nuestros relieves
malditos.

ni el reincidir
de la vieja tonada
consagrando tu llanto

ni el compás
de tus defectos comprados.

no temas,

concederé
el silencio prometido...

ese
- que tus milenarios cantores -
no te supieron entregar.

Canto IX
el dolor de las reliquias

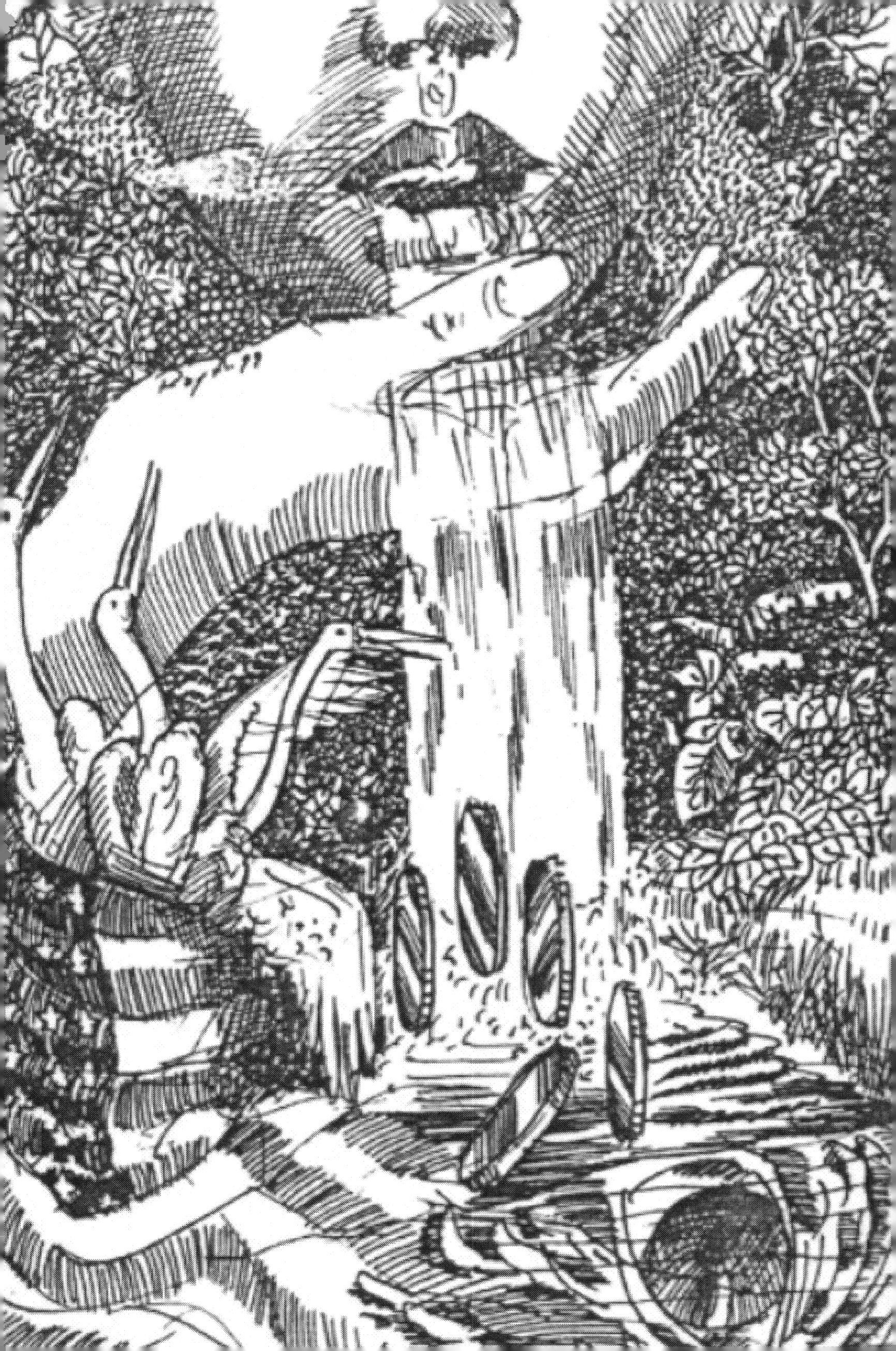

¡anda!
toma las llaves
y despega.

por las profundas nubes
miserables.

degusta la nueva corriente
de tu Chorrillo...sin extraños.

¡no escuches
teorías putrefactas!

dogmas que renacen
endulzando
el dolor de las reliquias.

pisotea el verde venenoso
de gran fracaso universal.

¡vamos!
respira poderes
que se hunden.

la esencia de tu silencio
en el lado oscuro del cerebro.

aunque
sé que volverás.

congelando furias
en cada una
de tus pestañas.

lo sé
la brisa te aclamará
 y veremos juntos
la ráfaga independiente
entre distancias del ser.

yo sé que tu amanecer
viajará
mar adentro y sin norte.

vengando aves acorraladas
en tiempos de la unión
del Yin con el Yang.

Canto X
donde se detuvo el sol

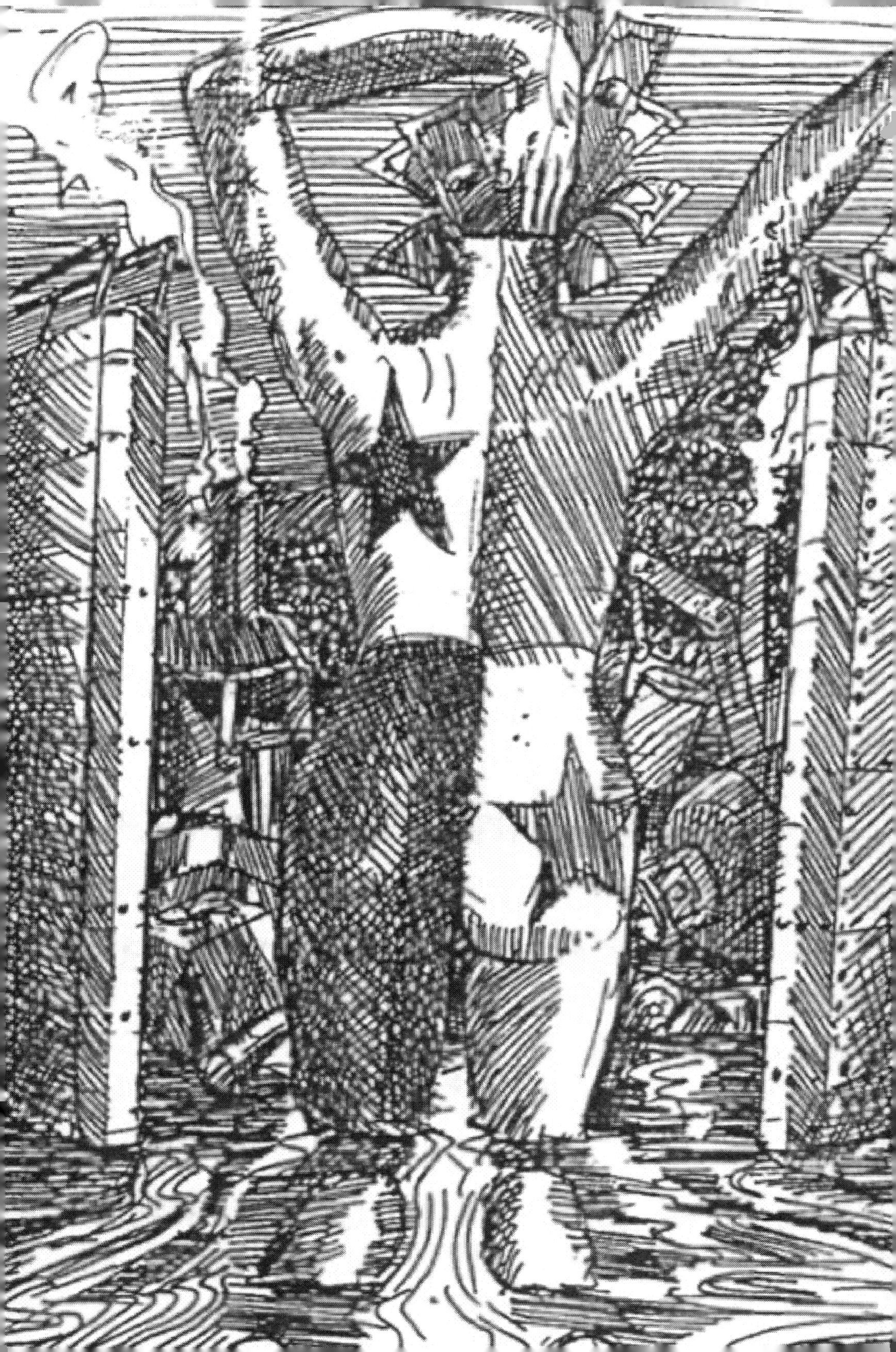

camina y caminaré

por el alma
que no ha vivido

suspira y suspiraré

por la suavidad que contamina
los embriones atrapados
en el hemisferio que avanza
donde se detuvo el sol

piensa y pensaré

en la luna violenta
que se fue
por el desagüe...

escribe y escribiré

por la sonrisa que milita
y el perfume que clama
los ecos
de un presente cancelado.

¡tu momento llegó!
¡rompe las fronteras!

¡gime...
oh entraña
de sopero mercantil!

¡tira las riquezas
del padecer!

¡devuelve los retazos
de la mentira...!

¡vomita
el mundo procesado,

la natura disfrazada
Que los hijos de Jacob

- un día -

te dieron a probar...!

Epilogos

EPÍLOGO I

Indira Moreno ha puesto en nuestras manos el trabajo poético **CANTARES DE UN SILENCIO**.

Leerlo no ha resultado fácil, ya que se trata de un puñado de versos difíciles, cerrados a los ojos profanos. E incluso a los ya iniciados.

El canto de Indira Moreno parece ser "un canto de lo imposible", sobre las ruinas que, pese a todo, terminarán bailando.

¿Dónde? ¿En qué zona del espíritu? ¿o de los siglos? Aspira, tal vez, a "un mundo nuevo", descubierto por el hombre, ¡al fin!, un día. ¿cuándo ocurra qué? CANTARES DE UN SILENCIO, apela a conocer lo que sin lugar a dudas forma parte de cada ser,
pero de tal manera se halla oculto que no nos queda otra verdad actual como no ser aquella de:

"no sé quién eres" (canto II).
La cantata se extravía. El sol se suicida. Pero como la propia parlante lo expresa:

"No hay perdón" (canto IV).
Siempre será tarde.

Ocurre entonces que se nos descubre la razón, el por qué.
Dirá la voz de Indira:
"¡ay
si hubieras corrido conmigo,
quebrado
la madrugada del castigo,
y cegado la entrega
hacia el dulce naufragio!"
Hay entonces un reproche abierto, el por qué, la razón del naufragio completo:
"¿por qué?
¿por qué no alzaste
el filo de tu raza
contra pálidas olas
de grandeza?"
Resumirá el hecho no sucedido, la larga espera, con una sentencia clara y definitiva:
"no
 no hay perdón".
La poeta Indira Moreno esperó y esperó
- de sus años -
- de sus días -

- de sus ansias –
- de sus salivas, -
una respuesta, tal vez loca, no pensada, mucho de impulso y de vida. Sin lograrlo.
Un canto de lo imposible. Imposible por el hombre mismo. El hombre como hacedor de su
propia vida, hacedor de su propio destino.
Atado a la atadura.
Atado al yugo.
¿Dulce yugo, acaso?
Dirá:
"¡no te dejaré!"
Como mar que viene y va. Como una condena.
Como una maldición.
Y luego, el silencio.
Concedido como una gracia. En donde lo prometido se cumple inexorablemente.
Indira Moreno nos ha entregado un libro inquietante. La suya es una poesía llena de angustias
y, sí, remordimientos. Propios y ajenos. De ella. De nosotros. De todos.

JARL R. BABOT

EPÍLOGO II

UN SIGLO DE SILENCIO Aproximación a la poesía de **Indira Moreno**
Por:
Abelardo Sewell Tyndell

La creación poética post-invasión (1990-2000) no parecía confrontar, ni mucho menos interpretar la realidad de un país intervenido y humillado por los imperios de turno a lo largo de su historia y que, recientemente había sido invadido por los Estados Unidos de América, con el pretexto de capturar a un "narco-dictador" y de "restablecer la democracia".
Los noveles poetas -en su mayoría- se dejaban confundir en los laberintos de la evasión. Prueba de esto son los temas de índole amoroso, existencialista, erótico, personalista... que predominó entre los jóvenes bardos de la post-invasión en nuestro país. Algunos de estos poetas autodenominados "revolucionarios" y de "vanguardia", escribían -sin embargo- acerca de asuntos ajenos a esa realidad de lucha cotidiana por la superación socioeconómica, la justicia, la soberanía...

Pero cuando empezábamos a dudar de la capacidad o el interés de nuestros cantores de sentir e interpretar las contradicciones de los diversos procesos de la vida humana, llega a nuestras manos el libro:

"CANTARES DE UN SILENCIO" de Indira Moreno, epilogado brillantemente por el profesor Jarl R. Babot e ilustrado por el pintor y artista visual panameño Roy Arcia. Se trata de un pequeño poemario que busca confrontar al lector con la verdad irrecusable de la historia patria.

Como Dante, la poeta Indira Moreno nos introduce al infierno, al mundo donde reina ese silencio atroz. O sea, a nuestra realidad. Nos confronta con la historia y casi podemos leer sobre el dintel de la puerta la tétrica advertencia que vio el poeta italiano en la Edad Media: "Oh vosotros que entráis, abandonad toda esperanza" (La Divina Comedia C.III).

En CANTARES DE UN SILENCIO, Indira moreno anticipa un lector activo que reaccionará ante todo, de su culpa. En este poemario, la poeta les dice a sus lectores que no pueden vivir de espaldas a la historia, que su historia es el presente que se proyecta hacia el porvenir y que la avalancha de mentiras que cubre su conciencia, debe ser eliminada.

Para la poeta, la historia no es un ente muerto, aunque nuestro sistema educativo la concibe de esa manera.

La historia es un organismo viviente que evoluciona cada día, que nos remite al pasado, nos confirma el presente y nos lanza hacia el futuro siempre con más luz en el camino. Evidentemente, la poeta no denuncia sino hechos y le deja al lector la tarea de descubrir en su fuero interno, los significados. Una tarea harto difícil a juzgar por estos versos del Canto II:

"cuna de los días /cárcel de las noches/ cuando más te veo/ ¡menos te conozco!/ mientras más te avanzo/ te dejo de sentir..." La traición, el caos, los desgobiernos, la corrupción, las crisis... Son estos los problemas de una sociedad plagada de incertidumbre.

Adentrándonos en el poemario, vemos el aire nietzscheano en los cantos III y IV que nos remiten a un tema recurrente: el entreguismo y la vergüenza, cuando alegan que: "levantaré mi mano/ al callar mis ojos/ porque sé que es tarde" (C. IV) y agrega: "¡Escucha!/ el sol se ha suicidado al no ver tu cantar". Esta es la vergüenza que pueblan las conciencias, las penas que sustentan "la doctrina del sufrir" (C. I).

Cual juicio de la historia, nuestra fiscal también presenta algunas pruebas como cuerpo del delito y sus consecuencias: "la sentencia: / recoger la venta diluida, repintar verdes en el alma/ aclimatado a tu resonancia" (C. IV) que significa llenarse de billetes, aclimatarse a la traición, pero esta aclimatación es aparente porque la fiscal acusa y nos recuerda que "no hay perdón". Es decir, no hay derecho al olvido, ni a la paz interior…

Ese es el tono de todo el poemario, ese pecado de omisión, esa desidia aparecerá siempre como "charco de culpa en la mirada" (Vallejos). La tragedia es permanente según esa "doctrina del sufrir" impuesta por el imperio, cuando tropas yanquis reprimen las manifestaciones de estudiantes y universitarios panameños y con ello se "recuerda los ingratos sonidos" (C.III) del 9 de enero de 1964, cuando dichas tropas asesinaron 21 panameños y dejan centenares de heridos. Muchos jóvenes, en dicho pasaje histórico, beberían la cicuta en vez de aceptar "la sentencia" y "repintar verdes en el alma".

Pero la "doctrina del sufrir" estipula que debemos guardar silencio y aplaudir la impunidad de aquellos que destruyen el ecosistema cruelmente, los que certifican a las compañías extranjeras en su afán de extraer la arena de nuestras costas, los que vendieron los bienes necesarios del pueblo... "¡ay/ si hubieras corrido conmigo/ quebrado/ la madrugada del castigo/ y cegado la entrega/ hacia el dulce naufragio!" (C. IV). Quizá se hubiese podido evitar la invasión y la quema de El Chorrillo en diciembre de 1989, pero "¿por qué no alzaste/ el filo de tu raza/ contra pálidas olas de grandeza?/ ¿por qué no quemaste los días/ que hoy te ahogan con pétalos de nieve?..." (C. IV). Esto nos plantea ¿por qué nos resignamos ante el invasor ignorando nuestra historia?

Indira anticipa desde el comienzo que el lector releerá el poemario. El tono marcado por ella indica que el lector reconsiderará su actitud hacia la historia. Arranca su lamento lírico en un tono tristemente pasivo que irá cobrando fuerza, llegando a un clímax en el Canto IV: "no hay perdón".

Acusa en los siguientes cantos los vicios y la diplomacia del dólar, producto de esa "doctrina del sufrir" que rige a nuestros gobiernos... "-otra vez-/ en la verde lluvia verde? / aquella que da muerte si concede vida" (C. V). A pesar de todo, nos dice la poeta en el Canto VIII: "Pero no te dejaré/ no abandonaré/ nuestros relieves malditos". Es decir, aquí estaremos, aquí viviremos, aquí moriremos.

Los cantos IX y X reiteran el llamado al lector a que se atreva a asumir su rol en la historia... "¡anda!/ toma las llaves/ y despega" (C. IX); pero es preciso que... "¡devuelve los retazos/ de la mentira...!/ vomita/ el mundo procesado/ la natura disfrazada/ que los hijos de Jacob/ -un día- te dieron a probar...!" ¿Y quiénes son los hijos de Jacob? ¿No será el Occidente Cristiano que ha traicionado los fundamentos de su fe?

El libro se nos presenta extremadamente interesante. Naturalmente, no lo hemos abarcado todo, pero invitamos al lector a que lo adquiera y trate de comprender el mensaje actual de la poesía de Indira Moreno.

Sobre
INDIRA MORENO

INDIRA MORENO

OBRAS PUBLICADAS:

"Cantares de un Silencio"
(poesía) 2002
"Al borde de la Vida"
(poesía) 2004
"Enigma de Esclusas"
(poesía) 2009
"A Capella"
(cuento) 2011
"No muero más".
(poesía) 2014

Se ha desarrollado en las artes escénicas, como en el caso de la danza folklórica, el teatro, la declaración y el canto coral, entre otras. En 1999, obtuvo Mención Honorifica en el concurso de poesía "Gustavo Batista Cedeño" del Instituto Nacional de Cultura (INAC), con la obra "Cantares de un Silencio", publicado por primera vez en el año 2000

Desde el año 2001, es la creadora, editora y Directora General de la revista cultural "Panamá Vive".

INDIRA MORENO
Instagram:
@indira.moreno.75
Facebook:
Indira Moreno
Promotora Cultural:
PANAMÁ VIVE
(Revista Cultural)

Made in the USA
Columbia, SC
02 August 2023